Poète et paysan

DU MÊME AUTEUR

Grammaire française et impertinente, *Payot, 1992*
Arithmétique appliquée et impertinente, *Payot, 1993*
Peinture à l'huile et au vinaigre, *Payot, 1994*
Le pense-bêtes de saint François d'Assise, *Payot, 1994*
Le C.V. de Dieu, *Seuil, 1995 ; nouvelle édition, Stock, 2008*
Le pain des Français, *Seuil, 1996*
Sciences naturelles et impertinentes, *Payot, 1996*
Je vais t'apprendre la politesse, p'tit con, *Payot, 1996*
Il a jamais tué personne, mon papa, *Stock, 1999*
La Noiraude, *Stock, 1999*
Roulez jeunesse !, *Payot, 2000*
Encore la Noiraude, *Stock, 2000*
J'irai pas en enfer, *Stock, 2001*
Pas folle la Noiraude, *Stock, 2001*
Mouchons nos morveux, *Lattès, 2002*
Le petit Meaulnes, *Stock, 2003*
Antivol, l'oiseau qui a le vertige, *Stock, 2003*
Les mots des riches, les mots des pauvres, *Anne Carrière, 2004*
Satané Dieu !, *Stock, 2005*
Mon dernier cheveu noir, *Anne Carrière, 2006*
Organismes gentiment modifiés, *Payot, 2006*
À ma dernière cigarette, *Hoëbeke, 2007*
Histoires pour distraire ma psy, *Anne Carrière, 2007*
Où on va, papa ?, *Stock, 2008, prix Femina*

Jean-Louis Fournier

Poète et paysan

Stock

Ouvrage publié sous la direction de
Véronique de Bure

ISBN 978-2-234-06324-2

« À la campagne,
le jour on s'ennuie,
la nuit on a peur. »

Michel Audiard

Je suis au milieu d'eux, assis autour de la table devant la télévision. Le fermier somnole, la fermière tricote et les filles du fermier lisent des magazines. L'une a des bigoudis, une autre deux rondelles de concombre sur les yeux, une autre se vernit les ongles.

Je m'ennuie.

Nous sommes dans le Pas-de-Calais, dans un petit village qui ne doit même pas être inscrit sur la carte. Il s'appelle Monchy. L'ennui suinte du plafond, parfois il tombe lentement des poutres, goutte à goutte, comme du goudron. Difficile de savoir si on est encore le jour ou déjà la nuit. Dehors, il n'y a même pas de paysage. La télévision est en noir et blanc. L'image est pleine de grumeaux et des gens ennuyeux parlent dedans.

Je m'ennuie à mourir.

Pour me sauver, j'ai pris un crayon et un papier blanc.

Qu'est-ce que je fais là ?

J'ai dans les mains un fourchet, le manche est poisseux, je charrie du fumier, les vaches me toisent. Seul le regard très doux d'une jeune génisse m'apaise.

Il y a six mois, j'étais étudiant à Paris, je préparais l'entrée à l'Institut des hautes études cinématographiques. Aujourd'hui, je suis dame pipi de vaches. Chaque semaine, je dois faire leur litière.

Mes mains sont barbouillées de purin, elles puent. Je cours toutes les cinq minutes à l'évier de la cuisine pour les laver.

Qu'est-ce que je suis venu faire là ?

La ferme est une grande exploitation, la plus grande du village. Deux cents hectares de terre.

On y pratique la polyculture, betterave et blé. Le blé demande du soleil, la betterave demande de la pluie. C'est pratique, ça permet au cultivateur, quel que soit le temps, de pouvoir se plaindre du temps.

Puis il y a des plantes fourragères pour le bétail. Et du lin qui met du bleu sur les champs et les transforme en océan Pacifique.

Il y a une centaine de bêtes à cornes et des poules et des canards qu'on mange le dimanche.

Le fermier est un notable, il a fait des études. Il est de bonne famille, sa femme aussi. Ils ont leur chaise à l'église du village. Chaque dimanche, toute la famille se retrouve à la messe. Les filles sont belles et élégantes.

Le fermier a trois filles et un fils. Il commence à vieillir, et aucun de ses enfants ne veut reprendre la ferme. Les filles font leurs études à Paris, tous les fils des cultivateurs du coin leur tournent autour, mais elles n'en veulent pas, elles rêvent de mieux. Quant au fils, on ne peut pas compter sur lui, il est allergique à la paille.

La belle exploitation agricole va être vendue, c'est bien triste.

À moins qu'il y ait un prétendant…

Mais qu'est-ce que je fais là ?

Le ciel est bas, il pleuviote. La terre est couverte de betteraves jusqu'à l'horizon, il y en a des milliers. Il va falloir toutes les arracher.

Le tracteur, dont on a bloqué le volant avec un sandow, avance droit, en tirant sa remorque au milieu des rangées de betteraves déterrées. De chaque côté, quatre hommes suivent, avec des fourches ils ramassent les betteraves et les jettent dans la remorque. Je fais partie du cortège, je suis un des quatre.

Au lycée Voltaire, dans la classe de préparation à l'IDHEC, on ne m'a pas appris le maniement du fourchet. Je m'en sers mal. Il faut toujours prendre les betteraves par le dessous en présentant les dents tangentes au sol et les pointes en l'air. Il m'arrive souvent d'enfoncer les dents dans la betterave ; elle reste accrochée, il faut que je m'arrête, que je la détache à la main. Je perds du temps. J'ai de la terre plein les mains, le manche de mon fourchet est glissant. Le tracteur continue à avancer. Mes collègues marchent, réservés et silencieux, comme des paysans de Millet. Ça ressemble à un enterrement.

J'en ai marre.

Qu'est-ce que je fais sous ce ciel gonflé d'eau, qui me pèse de plus en plus et s'égoutte dans mon cou comme une serpillière ?

Moi qui rêvais d'être Fellini, moi qui regardais le monde à travers un viseur de caméra, moi qui passais mon temps à la Cinémathèque devant les films russes, moi qui dissertais sur la négativité de la mise en scène chez Fritz Lang. Pourquoi je suis là ?

Aujourd'hui, le metteur en scène a une fourche dans les mains, il essaie de ramasser des betteraves.

Je ne suis pas là provisoirement, en vacances chez un parent cultivateur. C'est pire, je suis là pour longtemps. Peut-être pour toujours.

Je viens de rentrer fourbu d'une journée dans les champs. Je suis devant mon assiette et je pique du nez dans ma soupe tellement je suis fatigué.

Quand je relève la tête, je vois sur l'écran blanc et noir de la télévision les noms de mes camarades qui scintillent. Les garçons sont assistants réalisateurs, les filles sont scriptes, ils travaillent au journal télévisé. Je vois leurs noms tous les jours. Ils n'ont pas fait leur retour à la terre.

Je les imagine. Je les vois bien habillés avec des souliers brillants, en train de tutoyer des journalistes et des gens célèbres, et d'embrasser les maquilleuses, peut-être même Catherine Langeais.

Moi, au fond du Pas-de-Calais, je tutoie les vaches. Je sens le fumier, j'ai des bottes crottées, je suis à table à côté du fermier qui me prend pour un type bizarre et ne croit pas beaucoup à ma vocation de cultivateur. Je suis devant une assiette de soupe et une télévision qui me nargue.

Je suis ouvrier agricole chez mon futur beau-père, et la soupe est froide.

Tout ça, c'est la faute à la fille du fermier.

Elle est charmante, elle a des beaux yeux, elle rit quand je dis des bêtises et je découvre très vite qu'elle a la peau douce. Nous sommes tous les deux étudiants à Paris. Moi en cinéma, elle en psychologie.

La première fois, on s'est donné rendez-vous à la fontaine Saint-Michel, devant le dragon qui crache de l'eau. J'arrivais avec un handicap, j'avais eu la mauvaise idée d'aller le matin chez le coiffeur. Il ne m'avait pas loupé, j'avais les cheveux trop courts, j'étais moche comme un pou.

Elle était évidemment toujours aussi charmante, pimpante et belle comme un sou neuf. On s'est promenés longtemps dans Paris. À la fin de la promenade, on se tenait par la main.

Paris n'était plus hostile comme il l'est parfois pour les provinciaux. Ce jour-là, il était complice.

J'ai passé une soirée merveilleuse, elle m'a fait oublier que j'avais une sale gueule avec mes cheveux trop courts.

Je l'ai raccompagnée. Elle habitait chez sa sœur, rue de Paradis, au deuxième étage.

Ça a commencé comme une plaisanterie. On a beaucoup ri, on s'est embrassés, on s'est caressés, c'était doux, c'était chaud, j'étais bien, je n'avais jamais été aussi bien de ma vie.

Je ne suis redescendu du ciel que le lendemain matin, par l'escalier, titubant de bonheur. Naïf, je pensais que, désormais, j'allais être heureux toujours.

Avant d'avoir repris mes esprits, j'avais décidé de reprendre la ferme de son père.

Quand on est amoureux, on devient un peu fou, et comme je l'étais déjà un peu avant, j'étais capable de tout.

Son père aurait été poissonnier, je reprenais la poissonnerie.

Quand j'ai pensé reprendre la ferme, la campagne pour moi, c'était le passé. J'avais la tête remplie d'images de mon livre d'enfance, *Les Travaux des champs*. J'allais devenir le gai laboureur d'antan, je m'y voyais. J'avais fière allure avec mon sarrau que le vent gonflait. J'avançais doucement, sûrement, derrière mon gros cheval qui tirait la charrue. Il s'appelait Bijou et je l'encourageais avec des mots doux.

Des nuées d'oiseaux nous suivaient pour dénicher des vers dans les sillons frais. Quelle belle image, quel beau tableau.

On n'était plus au bon vieux temps, j'avais oublié le progrès. « Un élan vers le pire », dit Cioran. Un progrès qui s'appelle Farman,

Ferguson, Renault... Puant. Et tellement bruyant qu'on n'entend plus sonner l'angélus.

Le cheval a été mis définitivement au chômage. Le gai laboureur a perdu sa gaieté. Maintenant il est secoué, il respire les gaz d'échappement, il ne parle plus, il n'a rien à dire à son tracteur. Il est seul dans la plaine immense.

Il s'emmerde, le gai laboureur.

Il trace à longueur de journée des longs sillons parallèles.

Tristement, comme un enfant puni, il fait ses lignes.

Ils sont venus me voir à la ferme. Par amitié ou par cruauté ?

Mes deux anciens camarades de classe étaient bien élégants, ils étaient bronzés, ils rentraient des sports d'hiver. Pourquoi ils avaient mis leurs beaux costumes et des souliers brillants pour venir me voir à la campagne ? Moi j'étais comme d'habitude, en cul-terreux.

Je leur ai fait visiter la ferme. Je les ai conduits à l'étable. J'ai voulu leur faire caresser un taureau, ils ont refusé. Ils avaient peur de se salir ou peur tout court ?

Ils m'ont demandé si, sérieusement, j'avais l'intention de rester toute ma vie ici. Ils ne comprenaient pas. Eux, ils allaient vivre dans une maison de maître en centre-ville, là où il n'y a pas de mouches. Ils allaient passer leur vie en costume-cravate et les mains blanches. Ils allaient être notaires et on allait les appeler maîtres.

Pour qu'ils salissent leurs bas de pantalon et leurs souliers, je les ai fait passer, exprès, dans les endroits les plus boueux. J'ai tenu à leur montrer le paysage. Je leur ai fait parcourir des kilomètres dans la terre grasse pour découvrir un paysage sans aucun intérêt. Il faisait lourd, le ciel était bas, il n'y avait pas d'air, on étouffait. Les mouches étaient énervées et s'acharnaient sur eux. Pour une fois, j'ai aimé les mouches.

Au retour à la ferme, ils étaient en piteux état. Épuisés et en nage, ils ne parlaient plus. L'un a failli se faire mordre en voulant caresser le chien. Je leur ai proposé de revenir aux beaux jours.

Je ne risquais pas grand-chose. Ici, il n'y a pas beaucoup de beaux jours.

Dans les pays du Nord où le temps est rarement clément et les pluies abondantes, les travaux des champs se font souvent dans l'urgence, avant la pluie. Il est courant de labourer la nuit.

Je passe des moments inoubliables sur le tracteur à labourer. Seul dans l'immensité de la nuit, je deviens le capitaine d'un bateau secoué par les vagues de la terre ; ou alors je suis Mermoz, le pilote héroïque d'un avion rugissant dans le pot au noir de la cordillère des Andes.

Je deviens un héros des temps modernes, le père nourricier de l'humanité.

Je pense à tous les pains, les baguettes, les flûtes, les bâtards, les pains de campagne, les pains complets, les pains aux céréales, les pains de mie, les petits pains au lait, les croissants blonds, les brioches dodues, les pains au chocolat, les chaussons chauds que les gris boulangers vont pouvoir faire avec mon blé.

Des oiseaux de nuit tournoient dans la lumière des phares. Des corbeaux insomniaques viennent régulièrement. Un jour, il y en a un qui s'est posé sur le tracteur. Le corbeau est en général un animal distant et méfiant; cette nuit-là, peut-être mis en confiance par l'obscurité qui protégeait son anonymat, il a eu envie de compagnie. Il est resté un bon moment. Par sympathie ? Il n'est jamais revenu. Il vaut mieux ne pas trop se faire d'illusions sur les sentiments des oiseaux.

Simplement, il avait pris le tracteur pour une chaufferette. Il était venu réchauffer ses petites pattes glacées sur le capot tiède.

Je suis abruti. J'ai labouré toute la nuit, je me couche. Je ne pense plus, j'ai encore dans les oreilles le bruit du tracteur. Je m'endors.

La porte de ma chambre s'est ouverte brutalement, la silhouette du commandeur se détache en contre-jour, debout devant mon lit. J'entends la voix du beau-père : « Qu'est-ce que t'as foutu ? Viens voir. »

Je me lève, je cherche mes vêtements à tâtons, je m'habille à la va-vite. Je suis dans le coma.

Il m'accompagne en voiture jusqu'au champ que j'ai labouré cette nuit. Il ne parle pas, je me sens mal à l'aise. Il ne m'a certainement pas réveillé pour me féliciter. À voir sa tête, j'ai dû faire une connerie, et une belle.

On arrive, le jour commence à se lever, un jour gris. Il ne fait pas très clair, mais assez. Assez pour mesurer l'ampleur du désastre : la colline que j'ai labourée est transformée en un crâne coiffé à l'afro-cubaine avec des raies qui partent dans tous les sens. Ce n'est pas laid. Tous les sillons sont en zigzag. J'ai envie de rire, pas lui.

Il regarde son champ avec une expression de désespoir. Il a les larmes aux yeux.

Le beau-père qui adore tout ce qui est droit, la ligne droite, l'angle droit, le droit chemin qu'il a toujours suivi et la raie au milieu, n'apprécie pas. Il pense à tous les cultivateurs, ses confrères. Ils vont venir voir et se tenir les côtes. À cause de moi, lui, l'agriculteur exemplaire, discret et respecté, va devenir la risée du village. Et son champ la grande attraction.

Je crois que, depuis, on l'appelle « le champ frisé ».

La génisse me regarde avec insistance quand je fais la litière, elle a l'air de compatir. Il y a, dans ses yeux, quelque chose de bouleversant et d'humain.

Peut-être qu'elle est une princesse très belle qui a été transformée en génisse par un mauvais sort. Son père, le roi, voulait la marier à un gros fermier. Elle a refusé, elle ne l'aimait pas. Pour la punir, son père a demandé à une méchante fée de la transformer en génisse. Cela explique son regard triste, sa solitude. Elle reste souvent à l'écart, elle doit mal supporter la promiscuité avec des vaches qui ne sont pas de son milieu et qui sont un peu familières. Pour elle, il n'y a qu'une solution, un prince charmant. Il viendrait s'incliner devant elle, lui ferait une déclaration d'amour, et là elle redeviendrait la jolie princesse. Mais il n'y a pas de prince charmant à la ferme.

J'ai parfois la tentation de jouer le prince charmant. Actuellement, je n'en ai pas vraiment l'allure avec mes bottes crottées et ma veste kaki, et je n'ose pas. Je pense au beau-père. S'il me surprend à genoux dans la paille en train de faire une déclaration à une génisse, il va se poser des questions. Il va penser que j'ai l'esprit un peu dérangé et qu'on ne peut pas me confier une ferme. Il le dira à sa fille. Je serai chassé de la ferme et tintin pour les beaux yeux de la fille du fermier.

Le dîner se prend dans la salle à manger. Nous sommes trois, le fermier, sa femme et moi, et souvent quatre avec Catherine Langeais. Tous les soirs, le fermier mange la même chose. De la soupe et deux œufs au plat, jaune d'or et ronds comme des petits soleils. Les œufs viennent de la ferme, ils sont du jour. Ils sont pondus par des poules qui veulent faire plaisir à leur patron. Elles savent qu'elles ont intérêt à se mettre bien avec lui. Le fermier pourra intervenir et utiliser son droit de grâce le jour où la fermière aura décidé de les mettre au pot.

Ce soir, le fermier n'a pas eu ses œufs au plat. Sa femme a pris des risques, elle a voulu lui faire une surprise. Elle est allée à la ville chez le traiteur, et elle a rapporté pour le dîner des friands au jambon tout brillants, une quiche lorraine et des bouchées à la reine.

J'ai trouvé ça très bon.

À la fin du repas, la fermière a demandé au fermier si ça lui avait plu. Avec ce franc-parler et cette économie de mots de l'homme de la terre, il a simplement dit : « Dégueulasse. »

Le fermier n'aime pas les surprises.

Les poules peuvent dormir tranquilles.

Maman a mis son beau tailleur beige et un corsage saumon en soie, elle est allée chez son coiffeur, elle est très élégante. Mes frères sont en dimanche, ils ont des cravates. Je me suis mis en dimanche aussi, en noir pour faire romantique. Il faut faire bonne impression à la belle-famille. C'est le déjeuner de fiançailles, il a lieu à la ferme.

La belle-famille est au complet, il ne manque que le fils. Ma fiancée est sur son trente et un, ses sœurs sont belles aussi, surtout la plus jeune, elle est blonde. C'est beau les blondes. Elles vont facilement trouver à se marier, il y a en une qui l'est déjà avec un garçon très drôle, qu'on appelle Titi parce qu'il est parisien.

Je sens ma mère un peu tendue. Elle va donner à une autre son grand fils, celui qui lui a causé tant de soucis ; elle devrait être contente, elle va être bien débarrassée. Mais peut-être qu'elle n'a pas envie d'être débarrassée. Elle a apporté la bague de fiançailles. Malgré ses finances très limitées, elle a voulu la plus belle. Une bague en or blanc avec un diamant. Ma fiancée est ravie, elle la met tout de suite.

On passe à table. Les petits plats sont dans les grands. Tout est maison, tout est naturel, tout vient de la ferme. Les légumes sont verts, les poulets sont roses, et la crème crème ; les fruits joufflus sont du jardin, c'est délicieux. Le clou, c'est le dessert, une spécialité de la maison : un gâteau aux dragées. C'est un gâteau assez compliqué, farci avec des dragées aux amandes qui sont broyées. Il est servi avec de la crème anglaise. C'est divin.

Les cris des volailles et les chants des oiseaux, parfois le meuglement d'une vache, l'aboiement d'un chien, accompagnent le repas. C'est vivant.

Tout le monde est gentil avec tout le monde, tout le monde s'intéresse à tout le monde.

En regardant tous ces gens qui ne se connaissaient pas assis autour de la même table, en train de parler ensemble, j'ai un sentiment étrange.

Normalement, ils n'auraient jamais dû se rencontrer, maintenant ils vont devenir une belle-famille, une grande famille. Tout ça à cause de moi. Tout ça parce que j'ai eu un coup de cœur pour la fille.

Des coups de cœur, j'en ai tous les jours, plusieurs fois par jour quelquefois. On ne peut quand même pas inviter toute la famille chaque fois que j'ai un coup de cœur.

Je me demande ce que je fais là, moi aussi. J'ai envie de dire à tout le monde que c'est pour rire, c'est pour du beurre. Je n'ai pas envie de me marier. En tout cas, pas tout de suite. J'ai envie de continuer à m'amuser avec mes camarades. Je me marierai plus tard, quand je serai grand.

Je n'ai rien dit. Ils ont l'air content, je ne veux pas gâcher la fête. Et finalement, moi aussi, je suis content. Sous la table, je serre la main de ma fiancée, et je reprends du champagne.

Après le repas, on sort prendre l'air. On va voir le potager, on admire les légumes qui poussent, ma future belle-mère me propose de cueillir des roses pour ma mère. Puis on va rendre visite aux vaches qui ruminent dans la pénombre de l'étable.

Je reste derrière avec ma fiancée.

Je ne veux pas que la génisse au regard doux nous voie ensemble.

Ma future belle-mère est très mère poule, c'est normal pour une fermière. Elle couve des yeux ses jolis enfants, ce sont ses poussins, elle est fière d'eux et il y a de quoi.

Qu'est-ce qu'elle pense de moi ?

Pas de mal je crois.

J'ai l'impression, au contraire, qu'elle m'aime bien.

Elle pense que je vais rendre sa fille heureuse.

Elle coud, elle cuisine, elle fait du très bon beurre. Avec le même entrain, elle nourrit sa famille et la basse-cour, à tous elle dit « petits, petits, petits ». Le jour de la fête des Mères, elle n'a pas volé tous les cadeaux de ses enfants. Toute son énergie, tout son courage sont pour les rendre heureux, et elle réussit.

Quand la famille est réunie, l'ambiance à la ferme est très joyeuse.

Au début, mon côté petit coq l'a peut-être effrayée. Mais le courant est vite passé. Elle a senti que je n'avais pas un mauvais fond, j'étais juste un peu bizarre.

Mon humeur est comme le temps dans le Nord, variable. Elle est comme le ciel, changeante. Des grandes trouées de lumière rayonnante, puis, brutalement, sans raison, les ténèbres, les nuages noirs et les gros orages dont je sors estourbi.

Ma future belle-mère est catholique pratiquante. Elle est un peu triste de voir que ses enfants le sont moins, ils ne croient plus au Père Noël.

Elle est tolérante et indulgente. Je la soupçonne de prier en douce et de brûler des cierges pour que nous rejoignions tous le troupeau du Divin Berger qui nous conduira au Ciel.

On ira tous au paradis, jouez hautbois, résonnez musettes.

Je passe une grande partie de mon temps dans l'étable. Je me sens bien en compagnie des vaches. J'observe un petit caneton jaune, il s'est fait une sorte de nid dans la paille, il s'est installé sous une vache, la plus grosse. Il suffirait qu'elle ait envie de se coucher, il serait transformé en blini.

Il faut que je fasse quelque chose.

Je me mets à quatre pattes, j'approche lentement, je suis en dessous de la vache. Elle doit bien peser cinq cents kilos. Je réussis à l'attraper, il se débat, il me donne des coups de bec. Je ne m'attarde pas, je me relève, je sors de l'étable et je pars à la recherche de sa mère. Elle doit être dans la cour de la ferme, près de la mare.

La cane est noire et grosse, elle n'a pas l'air commode. Elle trône au milieu d'une dizaine de canetons. Quand elle me voit avec son caneton dans les bras, elle se met à cancaner méchamment, elle me regarde en soufflant, elle est furieuse. Elle gonfle ses plumes, puis elle me charge. Elle est devenue énorme. Elle veut me sauter au visage. J'abandonne le caneton, je suis lâche, je me sauve. J'ai peur.

Je me retrouve tout petit, vingt ans plus tôt, pendant la guerre, dans le jardin de ma grand-mère à Arras. J'entends le bruit de tonnerre d'un Messerschmitt noir qui fonce en piqué. Il est passé si près que j'ai vu la tête du pilote.

La cane a repris sa taille d'oiseau. J'ai un peu honte d'avoir eu peur. J'ai surtout eu peur de sa violence. Le combat était inégal entre elle et moi, mais elle y allait quand même, comme un kamikaze.

C'est violent, l'amour maternel. Ma mère aurait été capable de la même violence, prête à attaquer un adversaire cinq fois plus grand qu'elle pour me sauver.

Cette fois, la cane a eu tort. Je ne voulais aucun mal à son caneton, au contraire, je lui ai sauvé la vie. Elle aurait dû me remercier et me proposer de revenir quand il serait bon à cuire ou, au moins, me donner un œuf.

Conclusion : une bonne action est toujours punie et les canes sont connes.

Hier soir, après le dîner, les Allemands ont envahi la salle à manger. L'orchestre philharmonique de Berlin et son chef Herbert von Karajan ont débarqué dans le poste de télévision. Ils ont joué la *Neuvième Symphonie* de Beethoven avec fougue et beaucoup d'énergie.

J'avais mis ma chaise près du téléviseur, devant tout le monde. Je voulais être près du poste pour avoir le sentiment que l'orchestre jouait pour moi seul.

Toute la famille était autour de la table. Une fille avait sa crème de nuit sur le visage, une autre avait sur la tête une serviette de toilette qu'elle avait mise en turban. La fermière avait sur les genoux une casserole dans laquelle elle faisait tomber les petits pois qu'elle écossait. On n'entendait pas la chute des petits pois à cause de l'orchestre de Berlin. Beethoven était le plus fort, il n'y en avait que pour lui. J'avais la chair de poule, j'étais galvanisé, pas loin d'avoir les larmes aux yeux.

À la fin du concert, les musiciens et le chef ont eu une véritable ovation. Je n'oublie pas les visages rayonnants des musiciens allemands. J'ai voulu applaudir aussi.

Je n'ai pas osé.

Peut-être qu'à la ferme ils entendaient encore mugir les féroces soldats qui viennent jusque dans nos bras égorger nos filles et nos compagnes, et piquer le beurre, les œufs frais et les petits poulets de grain.

Je vois rarement mon futur beau-frère, il habite Paris. C'est un très beau garçon, il a les yeux bleus, il ressemble à Paul Newman. À côté de lui, tous les garçons que les sœurs ramènent à la maison ont l'air moche, moi compris. Grâce à lui, ses sœurs ont beaucoup d'amies. Il fait du dessin et de la peinture, il est toujours très bien habillé. Il a une Simca Monaco deux tons, bleu ciel et bleu marine. Il fume des cigarettes blondes et sent bon l'Eau sauvage.

Il a tout pour la ramener, mais il ne la ramène pas, il est très gentil. Je suis un peu jaloux. Je suis moins beau, je suis habillé en ouvrier agricole, j'ai une 2 CV Citroën un seul ton, gris. Je fume des brunes, des gitanes, je suis parfumé au purin et je ne suis pas très gentil, du moins à l'extérieur. Mes qualités sont cachées à l'intérieur.

En plus il a de la chance, une vraie chance quand on est fils de cultivateur : grâce à son allergie, il échappe à toutes les corvées, la litière des vaches, le battage et l'engrangement du blé. J'ai remarqué qu'il y a une paille à laquelle il n'est pas allergique, c'est celle des chaises. Il est capable de rester assis dessus pendant des heures à dessiner. Pendant ce temps, je charrie des tonnes de fumier. Pourtant, je ne l'ai dit à personne, je suis allergique au fumier.

Les vaches ont disparu. Où est-ce qu'elles sont passées ?

C'est de ma faute. J'ai oublié de fermer la barrière du pré.

J'ai beau les appeler par leurs prénoms, leur dire qu'on ne va pas les conduire à l'abattoir, que je vais leur donner du foin, elles s'en foutent. Je crois que, quand elles m'entendent, elles s'enfuient. Elles savent que je suis un débutant, elles en profitent. J'en ai marre, je cours dans tous les sens, je les maudis toutes, il n'y en a pas une pour racheter l'autre. Ma génisse est aussi bête que les autres, les vieilles sont aussi bêtes que les jeunes. On ne peut pas les raisonner, ni leur faire confiance.

Pour tout arranger, le champ est noyé dans un épais brouillard. On se croirait dans un tableau de Turner. Parfois, je crois voir une tache sombre qui se déplace, ça doit être une vache, je me précipite, elle se sauve, elle a dû me voir. Je suis en sueur. Essoufflé, je m'assois par terre. Je suis désespéré, on ne peut pas me faire confiance, je suis un bon à rien.

J'ai perdu les vaches.

Je ne vais pas les retrouver. Ça coûte cher, une vache, et je pense au pire ; elles peuvent aller sur la route, causer un accident, on ne voit rien dans le brouillard.

Si j'étais raisonnable, je préviendrais le fermier et je demanderais de l'aide, mais je n'ose pas. S'il apprend que j'ai perdu ses vaches, il va peut-être me tuer. Je n'ai pas intérêt à revenir à la ferme. Je vais me sauver. Je vais aller me cacher dans les bois comme un vagabond.

Qu'est-ce que je vais faire ? Les brumes matinales ne se dissipent pas comme l'annonce chaque matin la météo ; au contraire, le brouillard semble s'épaissir...

Et puis, soudain, dans un ciel devenu bleu, le soleil est apparu, les vaches aussi. Elles broutaient dans le pré voisin. La plus difficile à faire rentrer a été la génisse.

Je comprends maintenant pourquoi il n'y a pas de corrida à Londres.

Dans la grande cuisine de la ferme, il y a deux tables, une ronde pour le déjeuner de la famille et une grande, rectangulaire, pour celui des ouvriers. Moi, j'ai ma place à la table de la famille.

À un bout de la grande table, il y a un seau avec dessus un torchon blanc immaculé. Quand on soulève le torchon, on voit la crème de lait lisse et brillante comme de la peinture. Quelquefois, une mouche gourmande s'enlise dans la crème. On dirait un skieur pris dans une avalanche ; elle se débat, ça dure longtemps, puis elle ne bouge plus. Quelle belle mort pour une mouche, une mort gastronomique.

Il y a peu de temps encore, on faisait le beurre à la ferme. La fermière faisait un beurre si bon qu'on venait de tous les villages alentour lui acheter. Il y avait sur les livres de beurre des décorations en relief, c'étaient soit des vaches, soit des fleurs, ça dépendait du moule. Au printemps, le beurre était jaune, les enfants croyaient que c'était parce que les vaches mangeaient des boutons-d'or ; l'hiver, il était blanc, peut-être parce que les vaches mangeaient de la neige ? En tout cas, elles ne devaient pas manger du lin, le beurre n'était jamais bleu.

Un jour, pour rire, je me suis mis à la table des ouvriers. En réalité, je ne fais pas encore partie de la famille, je suis un ouvrier agricole, mais pas comme les autres. Un jour, je serai le patron.

Dans la ferme, il y a, accrochées au mur, beaucoup de photos. Des pommiers en fleur, des visages d'enfants... Le fermier a une passion pour la photo. Il est très bien équipé, il a un laboratoire, il fait les tirages lui-même.

Il fait des photos d'art. Elles sont en noir et blanc. Certaines sont des documents passionnants sur les travaux des champs. On y voit les moissons à l'ancienne avec les chevaux, et puis des photos de famille, avec des enfants qui rient et des vaches sérieuses.

Il m'a appris à tirer les photos. On éteint la lumière, il reste seulement une veilleuse rouge. Je sens derrière nous, dans l'ombre, la présence bienveillante de Niepce, Daguerre et peut-être bien Louis Lumière.

On met le papier dans un bain et on agite pour qu'il soit entièrement recouvert de liquide, et puis, petit à petit, comme par magie, l'image apparaît, un paysage, un visage. C'est plus impressionnant quand c'est un visage qui sort de l'ombre.

Je n'oublie pas l'apparition du visage radieux de ma fiancée quand elle avait quinze ans. J'étais en extase.

Comme Bernadette Soubirous, la première fois que la Vierge lui est apparue.

Sur les photos du beau-père, j'ai vu les moissons d'antan. Les moissonneurs en ligne avançaient de front et fauchaient en rythme, les gros chevaux paisibles suivaient et les glaneuses glanaient.

C'était beau comme un tableau, tout le monde avait l'air heureux. Le peintre devait s'appeler Rosa Bonheur.

« Midi, roi des étés, épandu sur la plaine/ Tombe en nappes d'argent des hauteurs du ciel bleu... » Quand le roi des étés tombe sur la tête du paysan, ça fait mal. Le poète, qui écrit à l'ombre, a oublié de le dire[1]. Parce que quand le poète rime, le paysan trime.

1. Leconte de Lisle.

La chaleur est intolérable. Je sue comme un bœuf. Je n'ai pas de chapeau, seulement un torchon à carreaux noué aux quatre coins. Je marche à côté de la moissonneuse, j'ai peur de me faire écraser, le monstre a des gros yeux qui clignotent et fait un bruit d'enfer. Il dévore tout. Après son passage, il n'y a plus rien. La machine infernale s'appelle Class. Elle soulève des nuages de poussière qui se colle sur moi. Je tousse, je crache. Quand je me mouche, ça fait du noir dans mon mouchoir. Où il est, l'air pur de la campagne ?

On ne peut même pas se parler, la machine fait trop de bruit. Pour communiquer, on est obligé de faire des gestes. De toute façon, on n'a rien à dire.

Avant on dressait des grandes tables dans les granges, les repas étaient gais, les paysans lutinaient les glaneuses. Maintenant le repas du conducteur de la moissonneuse, il est à côté de lui, sur son siège, dans une poche en plastique.

Il mange seul en écoutant Radio Luxembourg.

Le fermier écoute la radio toute la journée. Je ne sais pas s'il aime particulièrement la musique, ou les informations, ou les jeux, je crois qu'il aime surtout la radio.

Il voue une reconnaissance éternelle à Édouard Branly et à Guglielmo Marconi. Dans la ferme, il y a plusieurs postes de TSF. Il a même installé un poste dans le tracteur, très puissant, pour couvrir le bruit du moteur. Pour ne pas risquer de se retrouver dans une zone de silence, il a en permanence dans sa poche un petit poste transistor qu'il a construit lui-même. Il passe sa journée en compagnie de Maurice Biraud, Zappy Max, la famille Duraton, Jacques Brel, Édith Piaf et Catox-Catou-lave-tout ; Monsieur-Champagne-qui-nous-a-bien-répondu et Borodine qui, avec ses danses polovtsiennes, célèbre la qualité des pneus Kléber-Colombes…

Le calme de la campagne est une belle blague. Entre le bruit des machines agricoles, les piaillements des volailles, les aboiements des chiens et la radio à tue-tête, il n'y a pas de place pour le silence.

Lui qui vit dans le vacarme, il y a un bruit qu'il ne supporte pas et qui l'empêche de dormir, c'est le bruit des arbres. Le bruit que fait, la nuit, le vent dans les branches des peupliers. Récemment, il les a réduits au silence. Il les a tous coupés.

Moi, la nuit, j'ai un petit poste transistor que j'écoute sous les draps en le collant à mon oreille pour être seul à l'entendre. J'écoute France Culture, je fais des belles rencontres : Ionesco dont j'ai entendu la retransmission de *La Cantatrice chauve*, Jean Vilar et Gérard Philipe qui parlent du festival d'Avignon, René Clair qui raconte le tournage des *Grandes Manœuvres*, Jean Renoir qui parle d'Auguste, Jacques Prévert qui parle de Gabin, Jean Cocteau qui dit que son métier, c'est de jouer du violon d'Ingres, et Jean-Louis Barrault, Jean-Paul Sartre, Albert Camus, André Malraux… Que du beau monde qui vient dans ma chambre.

Et puis, il y a les concerts de musique classique, que je prends en cours. Je joue alors à deviner le nom du compositeur. C'est difficile quand il s'agit d'une œuvre que je n'ai jamais entendue, il faut bien connaître le style du musicien. Je suis très fier quand j'arrive à faire la différence entre Haydn et Mozart, parce que ça se ressemble beaucoup. Je suis impatient, à la fin du morceau, quand j'entends la voix grave du speaker : « Depuis la salle Chopin-Pleyel à Paris, vous venez d'entendre... le *divertimento* de Mozart K 432... » Je l'avais deviné.

Je m'endors heureux. Je pense à tous les malheureux qui sont morts avant que Mozart ne naisse. Quel manque de pot.

Il fait une chaleur de bête. Je passe mon temps à repousser avec mes pieds les draps et la couverture au bout du lit. J'ai l'impression qu'ils remontent chaque fois comme la marée. J'ai chaud, je n'arrive pas à dormir. Je ne suis pas bien sur le dos, je ne suis pas bien sur le ventre, je ne suis pas bien sur le côté. Je me retourne sans arrêt. Ça me gratte partout, la poussière de la paille que la moissonneuse a projetée sur moi me picote encore. Dans la chambre, il n'y a plus d'air. Je vais aller dehors en chercher, s'il en reste.

Le ciel est bleu nuit, il y a plein d'étoiles dedans, la lune se reflète dans la mare. Il fait un peu plus frais, je regarde les étoiles. En ville, on voit rarement les étoiles. À Paris, il n'y a pas tellement de différence entre la nuit et le jour, c'est toujours éclairé ; à la campagne, la nuit est noire. Tout le monde est couché, sauf les chevaux, ils dorment debout.

Tout est immobile et silencieux. Seul, parfois, un bruit d'aile, un cri bref, un bruit de chaîne, un meuglement, un aboiement, une chouette qui chasse, un animal qui rêve.

À quoi rêvent les animaux ?

On ne le saura jamais.

Peut-être que les vaches rêvent de taureaux ? Ou de leurs petits veaux ? Peut-être qu'elles font des cauchemars ? Elles rêvent de l'abattoir, ou de blanquette ? Peut-être que les taureaux rêvent de concours agricoles et de médailles, ou de toréadors ?

Ma promenade m'a un peu calmé, je rentre me coucher, je m'endors.

Ma nuit a été agitée. J'ai fait un tas de rêves dont je n'ai plus un souvenir précis. Un moment, j'ai été toréador, puis je me suis retrouvé à la mairie. Le maire ressemblait à Guy Mollet. Il a demandé à ma fiancée si elle voulait se marier avec moi, elle a répondu, je me souviens très bien : « Non, je ne veux pas me marier avec un bœuf. » J'étais devenu bœuf. J'avais une grande médaille dorée autour du cou, j'ai insisté, je lui ai montré ma médaille, je lui répétais : « Regarde, j'ai une médaille, j'ai été primé… » Elle s'en foutait.

Quand je me suis réveillé, elle était partie.

Ma fiancée a téléphoné, elle ne rentre pas ce week-end. Je suis déçu. Je vais me réfugier dans la pénombre tiède de l'étable. Je regarde les vaches.

Je les vois, elles font la sieste, leur petite famille est autour d'elles. Elles ont l'air heureux et je les envie. Elles sont calmes. Elles sont paisibles. Elles ne sont jamais pressées, elles ne regardent pas toujours leur montre, elles n'ont pas de téléphone, elles ne sont pas énervées, elles font tout lentement, elles marchent lentement, elles mangent lentement, elles respirent lentement.

Tout le contraire de moi.

Elles sont sereines, elles ne se plaignent jamais, elles ne se mettent pas en colère. Elles n'ont pas l'air d'attendre quelque chose de nouveau, elles se contentent de ce qu'elles ont.

Elles n'ont pas l'air en révolte, elles doivent être d'accord avec tout, avec les autres, être en harmonie avec la nature, avec le monde, même avec les bouchers.

Est-ce qu'elles ont peur de mourir ? Non, elles sont fatalistes.

J'ai de plus en plus envie d'être une vache.

Quand j'étais petit, comme beaucoup d'enfants, j'ai surveillé un haricot en train de germer dans de la ouate humide. Je le voyais se fendre en deux, le petit germe sortait. Chaque matin, j'étais émerveillé, la tige se déroulait, s'allongeait et les feuilles se dépliaient comme les ailes d'un insecte. Que tout cela ait été contenu dans un petit haricot me fascinait. C'était un miracle.

Plus tard, j'ai appris qu'il y avait d'autres miracles. Dans les glands il y avait des chênes, dans les marrons des marronniers, et dans les œufs il y avait des oiseaux et des poissons. Dans les vaches il y avait des veaux, et dans les brebis des agneaux.

Le petit gamin qui regardait le haricot en train de pousser s'est peut-être dit : « Quand je serai grand, je ferai pousser plein de haricots, j'en couvrirai les champs et j'irai tous les matins les regarder grandir. »

Vingt ans plus tard, est-ce que le cultivateur a encore de l'émotion devant le grand mystère de la nature ? Elle a de moins en moins de mystère pour lui, la nature. Et puis, il faut dire qu'elle lui fait pas mal de vacheries. Avec ses caprices et ses orages, elle lui en fait voir de toutes les couleurs. Des bleues, des vertes et des pas mûres.

Est-il toujours ému quand il regarde la tige du haricot monter, le cultivateur ?

Il est peut-être plus ému quand il voit monter le cours du haricot ?

Il y a des coquelicots dans les champs de blé.

Il y a des bleuets dans les champs de blé.

C'est beau.

Mais il commence à y avoir du maïs, de plus en plus de maïs. Dans le maïs, il n'y a plus de coquelicots. De toute façon, s'il y en avait, on ne les verrait pas. C'est trop grand, le maïs. Quand il y a du maïs, on ne voit plus la campagne, on ne voit plus rien. Sauf le maïs.

Les champs de maïs me font peur. J'ai l'impression que je vais en voir sortir un Vietcong avec une mitraillette et qu'il va m'abattre sans sommation.

En plus, il paraît que ça boit beaucoup d'eau, le maïs. À cause de lui, je ne peux plus prendre de bain l'été.

Si les paysans en cultivent, ce n'est pas par amour de la plante, c'est par amour des subventions.

Pourquoi on ne donne pas plutôt les subventions à ceux qui n'en plantent pas ?

Il va y avoir moins de fleurs dans les champs. Heureusement, il reste les tournesols, on les voit de loin, les grands tournesols, on pense à Van Gogh.

Les coquelicots, on commence à les tuer avec de la chimie.

Heureusement, il y a des coquelicots qu'on ne tuera jamais. Ceux qui poussent dans les tableaux de Monet.

Le tracteur est orange, la remorque est rouge, comme les jouets en plastique des enfants, mais ils sont grandeur nature.

L'été est fini. Il fait humide. Les arbres commencent à rouiller, nous sommes en automne.

On m'a confié le tracteur, je suis fier. Je vais à la distillerie conduire les betteraves.

La remorque est pleine à ras bord de betteraves sucrières. Elles ne sont pas rouges comme les betteraves fourragères qu'on donne à manger aux vaches, elles sont blanches et verdâtres, il reste encore beaucoup de terre autour. On ne les lave pas avant de les vendre, pour que ça pèse plus lourd.

J'ai mis l'accélérateur à fond, je vais très vite, ça fait beaucoup de bruit.

Avant d'arriver à la distillerie, il y a une grande descente. Pour aller plus vite, je mets la boîte de vitesses au point mort, et je laisse aller le tracteur. Il prend de la vitesse, de plus en plus de vitesse. J'ai au mal à tenir assis sur le siège, la route n'est pas très plane, je sursaute comme si j'étais sur le dos d'un cheval au galop.

La remorque, qui est très lourde, a pris aussi de l'élan, elle semble vouloir pousser le tracteur. Je vais de plus en plus vite, je commence à m'inquiéter. J'essaie de ralentir en freinant, ça ne sert à rien. Je décide alors de quitter le point mort pour réenclencher une vitesse et utiliser le frein moteur. Impossible, je n'arrive pas à passer la vitesse, je reste au point mort. Je vais de plus en plus vite, la descente continue, je vais bientôt entrer dans le village, dans la rue principale. Il y a de la circulation et du monde. J'ai peur. Je me mets à imaginer le pire, ce que je sais très bien faire.

Je ne vais pas pouvoir m'arrêter, je vais traverser la rue principale à toute vitesse avec mon convoi fou. Je vais tamponner des voitures, écraser des gens, rentrer dans une maison et finir par me renverser au milieu de la chaussée. On retrouvera ma dépouille sous des tonnes de betteraves, je serai barbouillé de terre et de sang, méconnaissable. Ma tête sera blanche et verdâtre comme une betterave sucrière. Il y aura un article dans *La Voix du Nord* avec ma photo.

Le tracteur a fini par ralentir. Je n'ai pas eu d'accident, je n'ai pas tamponné de voiture, je n'ai pas écrasé de gens. Je ne suis pas mort.

J'arrive pâle et tremblant à la distillerie, on va peser mes betteraves. Je ne dirai rien au beau-père, sinon il ne me confiera plus le tracteur.

La vie continue, banale. Il n'y aura même pas une photo de moi dans le journal.

La gare de Saint-Pol est comme toutes les gares, ordinaire et pleine de courants d'air.

Ni belle ni laide, ni triste ni gaie.

Triste quand on y accompagne un être cher qui part, gaie quand on y attend un être cher qui arrive. Aujourd'hui elle est gaie, j'attends un être cher qui arrive : ma fiancée revient chaque semaine de Paris, passer son week-end à la campagne et laver son linge sale en famille.

Je suis arrivé en avance, j'attends au fond de la gare, je ne tiens pas trop à me faire voir.

J'ai gardé mes vêtements de travail. Mes bottes en caoutchouc ont encore du fumier collé aux semelles, mon pantalon en velours côtelé vert foncé a des taches, et mon pull-over en laine marron a des trous. Je ne fais pas *gentleman farmer*, mais plus *farmer* que *gentleman*. Je suis le cul-terreux. Je me sens un peu dans la peau du valet de ferme qui va chercher sa patronne à la gare.

Le train a du retard, je pense tout de suite à un déraillement.

À chacun de ses retours, je suis inquiet. J'ai toujours peur qu'elle ait rencontré quelqu'un. À Paris, il y a tellement de beaux jeunes gens intelligents, élégants, avec des souliers brillants.

Le train arrive. Beaucoup de voyageurs descendent. Je ne la vois pas, je commence à paniquer. Elle n'était peut-être pas dans le train, elle est restée à Paris où elle a mieux à faire, elle ne veut plus me voir, elle ne reviendra jamais, elle ne m'aime plus.

Elle est dans les derniers. Élégante, charmante, pimpante et souriante. Je revis.

Est-elle contente de me voir ? Certainement, elle sourit. Mais comme elle sourit toujours, on ne peut pas savoir.

Que pense-t-elle du bouseux qui vient l'attendre à la gare ?

Il y a six mois, elle rencontre à Paris un futur metteur en scène, maintenant c'est un ouvrier agricole qui l'attend. C'est un conte de fées à l'envers. Elle voulait bien être la femme du metteur en scène, mais peut-être pas celle de l'ouvrier agricole ?

Elle m'embrasse gentiment, je prends sa valise et je la conduis à la voiture. On m'a confié la traction Citroën du père. Depuis qu'elle est montée, ça sent très bon dans la voiture. Elle me dit : « Quand je sens le fumier, je pense à toi… » Ça me rassure.

Je n'ai pas grand-chose à lui dire sur ma vie. Je ne vais pas lui parler de vaches et de betteraves. Je lui demande des nouvelles de Paris, des films, des expositions.

Elle a l'air contente de me revoir, moi je suis content aussi. Je ne pense plus à mon costume de cul-terreux, je suis redevenu l'étudiant parisien, je parle, je dis des bêtises, je la fais rire. Et puis, brutalement, au milieu du ciel bleu, un nuage noir. Comme le peintre Egon Schiele qui, au cœur de l'été, pensait à l'hiver, je pense à dimanche soir.

La gare de Saint-Pol devenue à nouveau triste.

On s'ennuie à la campagne, mais il ne faut pas croire qu'il ne s'y passe rien. Derrière les rideaux, il se passe des choses.

Ici, au village, dans la maison à côté de l'église, le notaire, qui est en même temps l'adjoint au maire, a deux femmes.

Pas une Blanche et une Noire, pas une grande et une petite, pas une maigre et une grosse, une intelligente et une sotte, pour varier les plaisirs, non, deux pareilles. Elles se ressemblent, on dirait deux sœurs.

Ils vivent ensemble, tous les trois. Personne au village ne s'en étonne, on est habitué, même le curé. Moi pas. Je suis sidéré. Je croyais que ça n'existait que dans les pays lointains.

Est-ce que j'aurais envie d'avoir deux femmes ?

Peut-être. S'il y en a une qui meurt, je ne serai pas entièrement veuf. Mais pas deux pareilles.

J'en aurai une pour la semaine. Une bonne ménagère, intelligente, avec qui j'aimerai discuter, qui fera bien la sauce béarnaise et des jolis bouquets de fleurs.

L'autre, ce sera pour le dimanche. Elle sera très belle, on ira ensemble au spectacle, au restaurant. Elle sera tellement belle que tout le monde la regardera passer sans rien dire. Ils ne trouveront pas les mots.

Mais la femme de la semaine, qu'est-ce qu'elle fera le dimanche ? Elle va s'ennuyer, elle sera triste, elle va pleurer dans sa cuisine et essuyer ses yeux avec son torchon. Alors, comme j'ai bon cœur et que je l'aime bien, je l'emmènerai avec celle du dimanche.

Mais celle du dimanche, qu'est-ce qu'elle va faire en semaine ? Elle va s'ennuyer. Ou alors elle pourra aider ceux qui détestent les jours de la semaine. Leur faire croire qu'avec elle, c'est toujours dimanche.

Mon souci à moi n'est pas d'avoir deux femmes. C'est d'arriver à en garder une.

J'adore observer la basse-cour. Il s'y passe plein de choses, comme au théâtre. Le décor laisse un peu à désirer, mais les costumes sont superbes. Les coqs sont habillés de somptueuses couleurs, les poules sont en uni, blanc, gris ou noir. Les personnages ne parlent pas, ils chantent. J'ai l'impression d'être à l'Opéra, les coqs sont souvent ténors et les poules sopranos.

Les coqs tiennent les premiers rôles. Flamboyants et arrogants, ils passent leur temps à poursuivre les poules et à les courser, comme dans Beaumarchais. Les poules restent entre elles, elles se font des confidences, elles parlent des coqs. Elles confient en avoir marre d'être coursées même pendant qu'elles s'occupent de leur petite famille et qu'elles surveillent leurs poussins. Mais elles ont beaucoup de dignité et elles ne le montrent pas. Cela dit, j'ai remarqué des poules isolées qui n'avaient pas l'air de se réjouir particulièrement d'être ignorées par les coqs.

Le coq est macho, il la ramène, il n'a pas beaucoup de respect pour la mère de ses enfants. Il n'hésite pas à la tromper avec des poules qui sont des amies à elle et cela, comble de l'ignominie, devant elle et ses poussins. Quelquefois, une vieille poule noire, austère et contralto chante son indignation.

La délaissée ne se révolte pas. Soumise et résignée, elle ne milite pas dans les mouvements féministes. Elle bosse, sans rien dire, toute la journée, comme une malheureuse, poursuivie sans cesse par les ardeurs d'un coq qui, à tout bout de champ, lui dit tu as de beaux œufs et veut lui refaire des poussins qu'il ne reconnaîtra même pas.

On prend souvent parti pour la poule. On aurait envie de lui conseiller de le quitter, mais ça ne se fait pas. Et elle ne le ferait pas parce que, malgré tout, elle y est attachée.

Elle se console, elle sait qu'elle est bonne au riz.

Je l'emporte toujours avec moi, il est toujours dans la poche de ma veste de cultivateur, c'est un livre de poche. Il est froissé, il porte des traces de terre et, comme marque-page, un brin de paille.

La couverture est une gravure en couleur, on y voit une diligence entourée de gens qui s'embrassent, ils partent ou ils arrivent, difficile à dire.

Quand les bêtes sont à l'abreuvoir, je l'ouvre.

C'est *Manon Lescaut*. Son auteur est l'abbé Prévost.

Je déteste les curés, surtout ceux de Saint-Joseph à Arras. Celui-là n'est pas un curé comme les autres. Il a été amoureux, il a quitté son couvent, il est même allé en prison. Et, hasard étonnant, il est né à Hesdin. Une petite ville ancienne où coule une rivière appelée la Canche. Les plus belles maisons sont au bord de la rivière, certaines ont encore des colombages. C'est la ville où je vais vendre mes betteraves.

Son livre raconte la passion du chevalier des Grieux pour Manon. Des Grieux, dix-sept ans, mène à Amiens une vie sage et réglée. Il fait des études de philosophie, il se prépare à être chevalier de l'ordre de Malte. Un jour, arrive Manon. Elle a seize ans, elle est belle comme le jour. Ses parents ont décidé de la mettre, malgré elle, au couvent, pour éteindre le feu qui couve sous sa crinoline.

Quand Des Grieux la voit, il s'enflamme et tombe raide amoureux, il décide sur-le-champ de l'enlever. Ils s'enfuient ensemble à Paris.

Commence alors pour le pauvre Des Grieux une suite de drames. Manon est volage, dépensière, prête à tout pour satisfaire ses envies, jusqu'à se faire entretenir. Mais elle est tellement bouleversante quand elle demande pardon avec des larmes sur son beau visage que Des Grieux, bien qu'il l'ait maudite, qu'il ait juré au Ciel et à son père de ne plus jamais la voir, pardonne.

Chaque fois que j'ouvre le livre, j'entends Puccini, je deviens Des Grieux et je souffre comme une bête.

Les vaches me suivent du regard. C'est impressionnant d'être regardé par soixante-dix bêtes à cornes, ça fait, sous les cent quarante cornes, cent quarante yeux qui vous dévisagent. Elles commencent à m'agacer, qu'est-ce que j'ai ? J'ai envie de leur demander : « Vous voulez ma photo ? » J'ai l'impression d'être un comédien devant le public. Qu'est-ce qu'elles attendent de moi ? Une petite chanson ? Vous voulez que je vous récite un poème ? Que je déclame un monologue ? Que je vous raconte une histoire drôle ?

Comment me voient-elles, que pensent-elles de moi ? Elles voient un ouvrier agricole, encore jeune, qui n'a pas l'air très gai et qui n'est pas très habile avec son fourchet. J'ai bien envie de leur dire que je ne suis pas comme les autres ouvriers agricoles.

Est-ce qu'elles savent que j'ai mon baccalauréat section lettres classiques et philosophie, et que j'ai eu une mention bien à la seconde partie ? Que je sais lire le latin et le grec ? Est-ce qu'elles savent que j'aime la musique classique, que je sais jouer un peu du piano ? Est-ce qu'elles savent que j'ai déjà écrit des poèmes ? Est-ce qu'elles savent que je connais le cinéma russe, que j'ai déjà parlé à Abel Gance, que j'ai reçu une lettre de Jean Renoir, que j'ai vu les pièces de Bertolt Brecht ? Est-ce qu'elles savent que j'ai lu *Ulysse* de James Joyce ? Elles n'ont pas besoin de savoir que je ne suis pas allé jusqu'au bout…

Est-ce qu'elles savent qu'avant, je voulais faire artiste, que je voulais être comédien, metteur en scène ?

De toute façon, elles ont intérêt à me respecter. Un jour, ce sera moi le patron de la ferme.

Depuis que je suis à la ferme, j'ai l'impression de parcourir ma vieille grammaire latine Petitmangin. Dans le chapitre de la première déclinaison, je retrouve toute la famille, *agricola* le fermier, *filia* la fille, *puellae* les jeunes filles, et *rosae* les roses. Il y en a beaucoup dans le jardin.

Si tout va bien, je vais bientôt devenir *dominus*, maître, et j'épouserai *filia agricolae*, la fille du fermier. Mais est-ce qu'on va arriver à s'entendre ? Est-ce que *filia* va s'entendre avec *dominus* ? *filia* appartient à la première déclinaison tandis que *dominus* appartient à la deuxième déclinaison. Nous n'avons pas le même génitif. Le sien est en *ae*, le mien en *i*. Est-ce que ça ne risque pas de poser des problèmes ?

Au début j'ai conjugué le verbe aimer, *amare*, au présent et à la première personne. *Amo puellam agricolae*, j'aime la jeune fille du fermier.

Puis à la forme passive : *amor puella agricolae*, je suis aimé par la jeune fille du fermier, à l'indicatif qui indique qu'on est au présent.

Puis, rapidement, je me suis posé des questions.

Peut-être qu'un jour je vais devoir me contenter du passé, *amatus sum*, j'ai été aimé ?

Pourquoi dans les grammaires, pour apprendre la conjugaison des verbes du premier groupe, choisit-on toujours le verbe aimer ? Il existe tellement de verbes ordinaires du premier groupe, pourquoi avoir pris un verbe extraordinaire ?

Si on s'en sert trop, on va l'user.

Aimer n'est pas un verbe pour tous les jours. C'est un verbe fragile, on a très rarement l'occasion de l'utiliser. Comme le service en cristal de bonne-maman. On le garde précieusement dans le buffet de la salle à manger. On ne le sort que pour les fêtes ou les grandes occasions, et on tremble de le casser.

Pourquoi mettre le verbe aimer à tous les temps, à tous les modes, à toutes les sauces ? J'aime Mozart, j'aime ma mère, j'aime les frites...

Il ne faut pas s'en servir à tout bout de champ, à l'avoir toujours dans la bouche, il va perdre son goût, comme le chewing-gum.

Le fermier a une machine à tricoter. Il fait des tricots pour toute la famille. Sa machine ressemble à un petit clavecin, elle ne fait pas de musique, seulement clic clac, clic clac, et des pull-overs.

En réalité, elle fait des bandes de tricot, des morceaux de pull-over. Ça n'a pas l'air bien difficile, il suffit de faire des allers et retours avec le chariot de la machine sans emmêler ni casser les fils. Après, il reste le plus dur, assembler à la main, au tricot, les morceaux.

Un jour, il me propose de me tricoter un pull-over. Je choisis de la laine kaki pour faire couleur locale et me fondre dans les verts de la nature. Ma fiancée doit ensuite tricoter à la main pour l'assembler. Comme Pénélope en attendant le retour d'Ulysse.

Le moment n'est pas bien choisi. C'est la période où elle commence à se poser des questions. Peut-être qu'elle doute, comme son père, de ma santé mentale ? Un étudiant metteur en scène qui, brutalement, se transforme en ouvrier agricole doit avoir l'esprit un peu dérangé. Un poète qui veut devenir paysan a-t-il toute sa tête ? Elle doit imaginer Chateaubriand en train de ramasser des betteraves ou Lamartine en redingote charriant du fumier.

Est-ce que j'ai ma place dans cette famille normale, équilibrée et bien sous tous rapports ?

Grâce au pull-over, je peux suivre l'évolution de ses sentiments. Un jour je t'aime, je tricote ; un jour je t'aime plus, je tricote plus.

Pénélope met de plus en plus son tricot de côté. Le pull n'avance pas. Il est le baromètre de ses sentiments. Depuis un moment, il reste bloqué sur variable.

Cet hiver, je vais avoir froid. Pas seulement sur le dos, mais à l'intérieur.

Hier on a tué un cochon. Tout le monde a l'air de trouver ça drôle, c'est la fête, sauf pour le cochon.

On lui a tranché la gorge, le sang s'est échappé en gros bouillons en faisant des gargouillis. Pour augmenter le débit, on a remué sa patte avant comme une pompe. On a préparé un feu de branchages et on y a jeté le cochon pour griller les poils.

Le cochon n'était pas tout à fait mort. Il s'est sauvé en couinant, avec des petites flammes sur le corps.

Tout le monde a bien rigolé, sauf celui qui avait tué le cochon, il avait l'air contrarié.

On a poursuivi le cochon qui s'était réfugié dans le potager.

À table, j'ai une pensée émue pour lui, de la reconnaissance.

Le boudin est délicieux.

C'est l'hiver, la mare est gelée ; les canards font du patinage artistique, ils dansent *Le Lac des cygnes*.

Je me suis réfugié dans l'étable. Je profite de l'absence du fermier qui est parti à la ville.

Je me suis allongé dans la paille. Ça sent bon, je me sens bien, l'air est tiède, les vaches me pulsent de l'air chaud par leurs naseaux, j'entends leur souffle régulier, c'est beau, on dirait de l'orgue. Il fait sombre, comme dans un tableau de La Tour. Je suis le petit Jésus dans la crèche. Je voudrais rester toujours là. Mais qu'on ne compte pas sur moi pour racheter tous les péchés du monde.

J'ai sorti de ma poche le livre pour retrouver Manon. Avec elle, je pars en enfer. Elle vient de faire de nouvelles bêtises, elle a été mise en prison. Avec tout ce qu'elle a fait, elle mériterait d'être transformée en vache, comme Io.

Je regarde la génisse qui sait si bien m'attendrir. Il y a autour d'elle Marguerite, Carmen, Roussette, Mascotte, Noiraude…

La génisse n'a pas encore de nom.

Si je l'appelais Manon ?

Ce matin, la cour est toute blanche, elle est couverte de sucre glace comme une pâtisserie. C'est beau, on en mangerait.

On ne reconnaît plus rien, tout est caché, on ne voit plus que la forme des choses. On a l'impression de parcourir une vaste pièce inoccupée dont tous les meubles ont été recouverts de draps, pour les protéger.

Tout est blanc, tout est beau.

Les arbustes les plus ordinaires sont devenus des décors de Noël, le tas de fumier est transformé en une charmante petite montagne blanche.

Le chat noir se déplace sur la pointe des pieds, on le voit mieux que d'habitude, il se détache sur le blanc. Les corbeaux en marchant font dans la neige avec leurs pattes des dessins qui ressemblent à des fleurs de lys.

De la fumée sort de la porte de l'étable, l'haleine tiède des vaches. Blotties dans la paille, elles n'ont pas envie d'aller dehors.

Il y a du silence, on n'entend plus les pas dans la neige.

En ville, avec les passages des voitures et des piétons, la neige devient vite sale. À la campagne, elle tient longtemps. Ici, il n'y a pas de passage. Il n'y a pas de chasse-neige. Ici, on ne chasse pas la neige, seulement le lièvre. Le paysage reste beau.

À moins que le temps ne s'adoucisse, ou qu'il pleuve.

Le lendemain, la neige a disparu. L'enchantement est terminé.

Le tas de fumier est redevenu un tas de fumier.

Je suis à vélo dans la campagne, sur un petit chemin au milieu des champs. Il fait gris, j'ai le vent dans le nez, en plus ça monte, j'ai du mal à pédaler, je me suis mis en danseuse.

Je roule derrière une charrette qui monte la côte, elle n'avance pas vite, le cheval est vieux et efflanqué, il a dû être blanc dans le temps.

La charrette est chargée à ras bord de fumier, à chaque cahot des paquets s'en détachent et tombent sur la chaussée, et elle fuit. Son jus s'écoule, elle laisse sur le sol une traînée de purin. On peut la suivre à la trace et à l'odeur, comme le petit garçon qui court en faisant pipi dans sa culotte.

Un vieux paysan boite à côté. Il est crasseux.

À l'arrière de la carriole, il y a une plaque avec son nom écrit dessus. Il s'appelle Chopin.

Le paysage est désolé, quelques arbres noirs agitent leurs branches mortes. L'ensemble dégage une insondable tristesse.

Tristesse de Chopin…

Je regarde mes mains. Je viens de les laver encore une fois, elles sentent toujours. Le plus grave, c'est que ce n'est pas seulement les mains, tout le reste, des pieds à la tête, sent. Même le dimanche, après mon bain et m'être mis en dimanche pour aller à la messe, je sens.

Je suis sûr que, si j'allais à une soirée à la ville, il y aurait toujours, dans le salon où je suis, une jeune fille distinguée et parfumée qui dirait à ses amies distinguées, en levant son nez pincé et en inspirant : « Vous ne trouvez pas que ça sent bizarre ? Qu'est-ce que ça sent ici ? » Et les jolies jeunes filles lèveraient leurs petits nez mutins et diraient : « Oui, effectivement, ça sent, mais quoi ? »

Je n'attendrais pas qu'elles cherchent d'où vient l'odeur, qu'elles s'approchent de moi et qu'elles trouvent. Je prendrais les devants, je me lèverais courageusement et je dirais : « Ne cherchez pas, mesdemoiselles, c'est moi. Je sens le fumier. Je vis dans une étable, mes meilleures amies s'appellent Marguerite, Mascotte, Rosette, Noiraude, Manon. Elles pèsent cinq cents kilos. »

J'inventerais alors une belle histoire. Je dirais que j'étais un grand artiste, très connu à l'étranger, mais un jour, j'en ai eu marre. Marre de la gloire, marre d'être reconnu partout, marre d'être poursuivi par les journalistes et les fans. J'ai tout quitté et je suis parti, j'ai fait mon retour à la terre.

Peut-être alors que toutes les jolies jeunes filles, émues, se précipiteraient dans mes bras et respireraient goulûment mon odeur de fumier.

Je me sens un peu étranger au milieu des cultivateurs, ils sont plus vieux que moi, ils sont plus gros que moi.

À cause des années passées au grand air, ils ont le teint plus rouge que moi, certains à cause du cidre. Moi, à cause des années passées dans les écoles, j'ai un teint de navet. Ils ont des casquettes et souvent des gros cous. Un petit n'a pas de cou du tout, sa tête semble posée directement sur son torse. Il parle fort et patois. Je n'ose pas leur adresser la parole, ça doit être pareil pour eux. On n'a rien à se dire. Certains me regardent goguenards, ils doivent se souvenir du champ frisé.

Je suis avec mon futur beau-père à une réunion de cultivateurs dans une ferme voisine.

Il s'agit d'une démonstration de matériel agricole. Habituellement, je n'y vais pas, mais cette fois ça m'intéresse. La machine qu'on présente peut changer ma vie.

Elle se compose d'un long bras métallique, comme celui d'une grue avec à son bout une pelle. On la fixe devant le tracteur et elle fonctionne comme une pelle mécanique qu'on actionne depuis la cabine du tracteur. Le représentant en costume-cravate est monté dans le tracteur et a fait un essai tout à fait concluant. En quelques minutes, il a ramassé un gros tas de fumier.

Fini le fourchet pesant des tonnes à élever au sommet du tas de fumier. Moins d'efforts. Le fumier reste à distance. On peut le manipuler de loin, sans avoir à y toucher. Plus besoin d'aller se laver les mains toutes les cinq minutes.

Cette machine a dû être inventée par quelqu'un comme moi, allergique au fumier.

Évidemment, c'est un luxe. Elle coûte cher, très cher.

J'ai une idée : je vais l'ajouter sur ma liste de mariage.

Qu'est-ce que le père de ma fiancée pense de moi ?

Difficile à dire, il est taiseux.

Ma vocation soudaine l'étonne. Il doit penser que je sacrifie à la mode du retour à la terre. Les intellectuels barbus partent dans le Larzac élever des chèvres et faire des fromages immangeables. Les chèvres en meurent de honte. Dans les Cévennes, ils vont engraisser des canards. Dans les bocaux de confits, il y a autant de mouches que de canard. Ailleurs, ils élèvent des chiens au régime macrobiotique, sans viande. Les chiens se portent très bien. Puis un jour, ils disparaissent. On les retrouve tous morts. Ils ont été tués par l'éleveur de faisans, il en a eu marre qu'ils viennent chez lui faire des razzias de volatiles.

Les paysans du dimanche sont retournés à la terre, mais ils sont vite rentrés déçus avec mal aux reins. Ils n'imaginaient pas la terre aussi basse.

On ne devient pas fermier en une saison, il faut être né dans une ferme pour pouvoir être fermier. Mon futur beau-père n'a pas eu à retourner à la terre, il a toujours été dedans. Il est né dedans. Tout petit, il a suivi les travaux des champs, il a glané avec les glaneuses, il a appris à traire les vaches, à parler aux chevaux, il a cueilli des coquelicots, il a donné du grain aux poules.

Quand on est cultivateur, il faut avoir de la patience. Je n'en ai pas, je veux tout, tout de suite, je n'ai pas le temps d'attendre. Comme si j'allais mourir demain.

Un cultivateur doit savoir attendre. Attendre la pluie, attendre le soleil, attendre que ça pousse et accepter quelquefois que ça ne pousse pas. Accepter les caprices de la nature, les orages, les tempêtes, les maladies des plantes, les maladies des bêtes.

Quand on est cultivateur, il faut aimer les bêtes. Aimer une bête, ce n'est pas lui gratouiller la tête en lui disant qu'elle est belle, c'est s'occuper d'elle, veiller à son confort, vérifier que sa litière est propre, que sa paille est fraîche, qu'elle a assez d'eau, qu'elle n'a pas un caillou coincé dans ses sabots, qu'elle n'a pas de tiques. Il faut la brosser, la frotter avec de la paille, la faire briller comme on fait avec un vieux meuble.

Quand on est cultivateur, il ne faut pas avoir peur de se salir, de mettre la main à la pâte, dans la terre, dans le cambouis, dans le purin. Je pense que le beau-père est un peu agacé quand il me voit courir, entre chaque pelletée de fumier, me laver les mains.

Quand on est cultivateur, il faut savoir entretenir son matériel. Il est maniaque, il n'aime pas trop me prêter le tracteur. Il me dit que, quand je laboure, je fais patiner l'embrayage. Je ne peux pas dire le contraire, il le sent. Il est capable, plusieurs heures après l'arrêt du moteur, de sentir l'odeur de brûlé que dégage le disque d'embrayage.

Il me reconnaît malgré tout du courage et de la bonne volonté.

Mais lui qui a l'odorat si fin, pourquoi il ne sent pas que le torchon commence à brûler entre sa fille et moi ?

Ma fiancée est revenue hier soir. Cela faisait deux week-ends qu'elle n'était pas rentrée, elle avait du travail, elle préparait ses examens. J'étais un peu inquiet. Elle est comme d'habitude, souriante et charmante.

Hier soir, elle m'a dit des choses, et j'ai passé une très mauvaise nuit.

Ce matin, j'entends la voix de Léon Zitrone dans la salle à manger de la ferme. Baudouin, le roi des Belges, épouse Fabiola. Ils sont émouvants, tous les deux. Lui a l'air d'un étudiant timide, il est pâle, sérieux avec ses lunettes. Elle a l'air d'une institutrice, elle est réservée, émue, on la comprend, ce n'est pas tous les jours qu'on devient reine des Belges.

Elle est espagnole, mais pas genre Carmen Sevilla, plutôt tendance Thérèse d'Avila. On ne l'imagine pas dansant le flamenco. Ça tombe bien, Baudouin ne danse pas non plus le flamenco comme Luis Mariano ; lui, c'est plutôt la Brabançonne.

Ils n'ont pas l'air rigolo, tous les deux. Leur mariage ne ressemble pas à une opérette de Francis Lopez, plutôt à une prise de voile.

Il n'y a pas de quoi rire. C'est un grand jour, un mariage.

Pour moi, c'est un triste jour. Je regarde la cérémonie avec une infinie tristesse et beaucoup d'envie. Baudouin a bien de la chance. Je crois que je ne connaîtrai jamais ce bonheur. J'avais raison d'être inquiet. Les pessimistes n'ont pas toujours tort. C'est pas le torchon qui brûle, c'est bien pire, c'est le feu qui s'est éteint.

Elle en a marre de moi, elle n'a plus envie de se marier. Sans doute qu'elle ne veut plus être une femme de cultivateur. Peut-être qu'elle aurait préféré être reine des Belges ?

Je sors de la maison pour aller pleurer dans l'étable.

Qu'est-ce je vais devenir ? Moi, l'ambitieux qui voulais sortir de l'ordinaire ? Maintenant que la fille du patron ne veut plus de moi, je suis un ouvrier agricole comme les autres. L'ordinaire va devenir mon ordinaire.

La génisse au regard triste fait semblant de ne pas me voir. Je ne comprends pas, je viens de faire sa litière et je lui ai mis plus de foin qu'aux autres.

Personne ne m'aime.

J'ai envie de mourir.

Qu'est-ce que je vais devenir ?

Fellini c'est fini, *gentleman farmer* aussi.

Alors ?

Rien.

J'ai loupé ma vie avant de l'avoir commencée. Qu'est-ce qui m'a pris de venir m'enterrer ici avant d'avoir vécu ?

J'ai tout perdu. Je ne sais rien faire, ni réaliser des films, ni écrire des scénarios. Je suis incapable de reprendre une ferme. Je ne suis même pas un bon ouvrier agricole, je n'ai pas eu le temps d'apprendre le métier, je perds les vaches, j'abîme le tracteur, je ne sais pas faire des sillons droits, ils vont de travers, ils partent dans tous les sens, comme ma vie.

Difficile de faire un retour à Paris. Mon

curriculum vitae est désert comme la Beauce après les moissons, je n'ai pas le diplôme de l'IDHEC et j'ai rompu les contacts fragiles que j'avais dans le cinéma.

Qu'est-ce qui me reste ? Rien.

Je suis désespéré. Le soir, dans mon petit poste, j'écoute de la musique classique. Quand j'entends l'*adagio* d'Albinoni, je pleure comme une Madeleine.

Je ne peux plus rester ouvrier agricole à la ferme. Je ne fais plus partie de la famille, je n'ai plus ma place à la table ronde. J'ai envie de me mettre à la table des ouvriers. Les fermiers sont toujours très gentils avec moi, peut-être même un peu plus. Ils doivent savoir ou sentir quelque chose. Avec son nez creux, le père a bien dû se rendre compte qu'entre sa fille et moi, ça sentait le roussi.

Des idées folles tourbillonnent dans ma tête.

Je me fais moine. Je choisis un beau monastère avec un cloître sublime plein de buis et de roses, et je joue de l'orgue. Un producteur de disques m'entend, il est impressionné, il me signe un contrat. J'enregistre l'œuvre intégrale pour orgue de Jean-Sébastien Bach.

Ou alors je reste ouvrier agricole à la ferme et je me soûle toute la journée, au cidre. Un jour, mon ancienne fiancée vient présenter un nouveau galant à ses parents. Elle lui fait visiter la ferme. Moi, je suis en train de faire la litière des vaches. Elle ne me dit même pas bonjour. Elle n'a pas dû me reconnaître, je suis devenu énorme. Je tiens mon fourchet à la main, alors je le plante dans le ventre du nouveau. Je me sauve ensuite dans une grange et, histoire de bien lui gâcher sa vie et son bonheur, je me suicide en me pendant à une poutre.

Qu'est-ce que j'avais imaginé en venant m'enterrer ici ?

Une gravure anglaise. L'Angleterre n'est pas loin.

Je me voyais chevauchant un joli cheval noir brillant, j'avais un costume très élégant en tweed gris et une petite casquette en velours écossais rouge. Il y avait au loin des collines dorées par le soleil couchant, je contemplais le paysage, c'était beau comme un tableau de Gainsborough. De vagues souvenirs de poésie de Keats me trottaient dans la tête. Je passais beaucoup de temps à cheval à parcourir mon immense domaine. J'allais saluer et encourager nos gens qui travaillaient avec gaieté à notre prospérité. Puis je rentrais au château, dans le petit salon, prendre le thé qu'une domestique en robe noire et tablier blanc me servait dans de la fine porcelaine anglaise. Ma femme, toujours ravissante, venait souvent m'y rejoindre, elle avait dans les bras un adorable enfant roux comme l'automne, qui me faisait fête. Puis j'allais à mon bureau, entièrement lambrissé de boiseries de merisier, et là, devant la fenêtre ouverte sur un paysage magique, en écoutant du Purcell, j'écrivais de magnifiques poèmes qui me mettaient les larmes aux yeux et me rendaient célèbre dans le monde entier.

Je prends, pour me consoler, un crayon et un papier blanc. Pour me consoler, sur le papier, je décide de déposer des mots.

Je mets du temps à choisir les mots. Je veux les mots les plus justes, ceux qui serrent au plus près la réalité.

Avant de choisir les mots, je cherche à savoir à quoi ils vont servir, ce que j'ai à dire.

Il faut deviner, dans ma pénombre, ce que j'ai sur le cœur. Il faut voir clair à l'intérieur, comprendre ce qui s'y passe, ce qui fait mal. Pourquoi ça fait si mal.

Il faut faire le ménage et débarrasser. Tout sortir dehors, dans la lumière. Démêler le vrai du faux, trier entre le cinéma que je me fais et la réalité que je fuis. Séparer ce qu'il faut garder de ce qu'il faut jeter.

Le faux, je le mets au soleil pour le dessécher, comme on fait avec les mauvaises herbes une fois qu'on les a déterrées et qu'on les laisse crever les racines en l'air.

Le vrai, je le mets dans du terreau pour qu'il puisse pousser.

Au milieu des mots que j'ai choisis, il arrive des mots que je n'ai pas invités, des mots sauvages. Ils ont bien fait de venir, ils m'apprennent sur moi des choses que je n'aurais jamais pu imaginer.

À force de chercher le mot juste, à force d'essayer de faire des belles phrases bouleversantes, à force d'essayer d'être rigolo ou d'émouvoir, ce qui est la même chose, on dit « pleurer de rire », j'ai l'impression d'être moins malheureux.

Je me suis relu, j'ai ri aux passages émouvants, et les passages drôles m'ont mis les larmes aux yeux. Pas les larmes acides du passé, mais des larmes douces et tièdes.

J'ai suivi avec beaucoup de sympathie les aventures de mon héros. Maintenant, on partage. Il souffre aussi.

Et j'ai moins mal.

Je retourne chez ma mère.

Finalement, j'ai décidé de quitter la ferme. Je pars un matin. Je vais faire mes adieux. Les canetons ont grandi, ils vont bientôt être bons à manger. La cane Messerschmitt s'est adoucie, les pigeons roucoulent, l'étable des vaches est vide, le tracteur est au repos dans le garage, il ne sent plus le brûlé.

La fermière me donne un gros panier de fruits et de légumes pour ma mère, un petit pot de beurre et une galette. Elle m'embrasse pour me dire au revoir. Elle me serre dans ses bras plus fort que d'habitude. Le fermier me parle du temps, il pense que ça va se lever. Il va faire beau.

La route est bordée de pommiers en fleur, les fleurs sont roses, pas blanches comme chante Andre Claveau, les prairies sont vert pomme. C'est pimpant comme un tableau du Douanier Rousseau. C'est le printemps, la campagne est superbe. Les vaches sont dans les champs. Impassibles, elles regardent ma 2 CV s'éloigner, je leur fais au revoir avec un signe de la main. Dans mon rétroviseur, je vois la génisse seule, loin des autres, comme d'habitude.

Je descends la côte où j'avais emballé le tracteur. Je traverse Hesdin, je pense à cette salope de Manon qui a bien fait de dégommer Des Grieux.

C'est la fin d'une histoire. J'ai failli être cultivateur, mais ce n'était pas par amour de la culture. Moi qui pensais trouver le bonheur à la campagne... Je vais continuer à le chercher, ailleurs.

Quand on revient de la campagne, on est bronzé et en forme. Moi je suis pâle comme une endive, maigre comme un haricot vert, et sec à l'intérieur. J'ai perdu mon enthousiasme et ma fiancée. Mon curriculum vitae est toujours vide. Je rentre me faire consoler chez maman.

C'est quand on ne va pas bien qu'on retourne chez sa mère. C'est souvent là que la police retrouve les gangsters honteux qui viennent de louper leur coup.

Je n'ai pas de travail. Je vais devoir en chercher. Je suis toujours titillé par le milieu du spectacle, la télévision me tente, mais comment rentrer dans cette boîte magique ?

Est-ce qu'on recrute des ouvriers agricoles à la télévision ?

J'ai retrouvé la rue de la Paix et, au numéro 21, la maison de famille, à Arras, le petit jardin et les arceaux couverts d'une clématite ancienne et d'un rosier centenaire, et ma chambre avec mon lit à une place.

Deux grands amis m'y attendent. Accrochés sur le mur, au-dessus de mon lit, Beethoven, que j'ai dessiné moi-même d'après un tableau, et une reproduction d'un portrait de Mozart. Ils sont toujours là, à la place du crucifix, fidèles au poste. Je sais que je peux compter sur eux, plus que sur Dieu. Ils sont toujours disponibles, prêts à m'aider dans les moments difficiles.

Quand je me sens affaibli, je prends du Beethoven. Il agit comme un fortifiant, il me redonne de l'énergie. Je n'écoute plus la *Pastorale*, mais la *Troisième*, pour être héroïque, c'est mieux qu'un litre d'huile de foie de morue. Je le prends de préférence le matin, jamais le soir, sinon je ne pourrais pas dormir.

Mozart, c'est autre chose. J'en prends toute la journée, en toute occasion. Ses sonates, ses symphonies, ses quatuors, ses quintettes, ses opéras et son merveilleux *adagio* pour piano, joué par Arrau, qui me rend douce la tristesse.

Depuis qu'elle avait retrouvé dans la chambre la belle bague de fiançailles que ma fiancée avait « oubliée », ma mère se doutait de quelque chose. Évidemment, elle compatit. Elle est un peu vexée qu'on ait rejeté son grand fils dont elle est fière, mais je suis sûr qu'en même temps elle n'est pas entièrement mécontente de ma rupture. Elle me récupère, elle n'a plus à me partager avec une autre.

Elle essaye de me faire des petits plats, des recettes inédites, ou pire, elle invente. Je n'oublierai jamais le steak aux kiwis. Elle connaît bien la littérature, mais elle est nulle en cuisine.

Je ne sors pas beaucoup, je ne tiens pas à ce qu'on me demande des nouvelles de ma fiancée. Je me sentirais humilié de devoir dire que j'ai été plaqué, qu'on m'a laissé tomber. Sans doute on pensera que je ne suis pas si intéressant que ça.

Au début, ça va, je fais rigoler. On dit de moi : « Il est marrant, il a pas mal d'esprit. » Ça ne dure pas. Rapidement, on se dit qu'un type qui plaisante toujours sur tout n'a pas de sensibilité et n'est pas sérieux, qu'il n'a pas de fond. Comme on dit, on en a vite fait le tour. Et quand on en a fait le tour, on part et on ne revient pas.

Comme ma fiancée.

Je roule sur la grand-route Paris-Lille. Ma 2 CV est à son maximum, on dirait qu'elle va s'envoler. Je dépasse parfois les 100 kilomètres à l'heure, grâce au vent. Heureusement, il n'y a pas de côte, nous sommes dans le plat pays, qui est le mien.

J'ai rendez-vous à la télévision de Lille. J'ai mis un blazer, une chemise blanche, une cravate écossaise, un pantalon en flanelle gris et des mocassins. Je me sens chic, je ne suis plus un cul-terreux. J'arrive à Lille en avance.

La télévision se trouve boulevard de la Liberté, au numéro 36. C'est un gros hôtel particulier du XIXe, pompeux, avec une petite cour d'honneur fermée par une grille ouvragée. La grille est ouverte, je rentre à la télévision par la grande porte. Je gare ma 2 CV dans la cour d'honneur.

On me fait attendre dans un hall. Je regarde avec beaucoup d'émotion tous les gens qui passent, je suis très impressionné. Je reconnais un journaliste que je vois dans le poste tous les jours. Il est beaucoup plus petit en vrai.

Une demi-heure plus tard, une secrétaire vient me chercher. Elle me conduit au bureau du chef des services artistiques. Il s'appelle Bernard Grenié, il ne ressemble pas à un directeur, plutôt à un vieil étudiant nonchalant. Il a le regard amusé de ceux qui sont revenus de tout et qui n'attendent rien. Il a une clope au bec et les doigts jaunes.

Il me fait parler. Je lui raconte la préparation à l'IDHEC. Je parle de mon désir de faire du cinéma, d'écrire des scénarios, de réaliser des films. Pour me faire bien voir, je lui dis que j'ai reçu une lettre de Jean Renoir à qui j'avais écrit après avoir vu *Le Déjeuner sur l'herbe*. Qu'un jour, j'étais assis à côté d'Abel Gance à la Cinémathèque et que je lui ai même parlé. Qu'une autre fois, j'ai côtoyé Alain Cuny dans une librairie. Le directeur m'écoute, l'air amusé.

Notre entretien est interrompu par la secrétaire, elle vient demander si la 2 CV garée dans la cour d'honneur m'appartient, elle gêne. Je me suis mis à la place réservée à l'ingénieur régional, M. Carpentier, deuxième personnage après le directeur régional. Confus et penaud, je vais garer ma voiture dans la rue. Le planton me regarde comme si j'avais commis un crime de lèse-majesté.

L'entretien reprend. Le directeur me demande ce que je souhaiterais faire. Je lui réponds : être sur un studio, balayer le studio s'il n'y a rien de mieux.

Il y a mieux. Il me propose de me prendre à l'essai pour remplacer la scripte du journal télévisé, qui part en congé de maternité. C'est un travail de fille. La *script girl*, c'est celle qui visionne les sujets du journal, les chronomètre, repère la première et la dernière image, et prévient le réalisateur lors de l'émission. Ses outils de travail sont une machine à écrire et un chronomètre qu'elle porte en sautoir autour du cou. Elle est très organisée et rigoureuse, ce que je ne suis pas vraiment. Je serai très mal payé, mais pour moi, rentrer à la télévision, ça n'a pas de prix. Je vais être *script boy* et je suis bien fier.

Je suis tellement heureux. Je vais pouvoir dire à tout le monde que je travaille à la télévision, toute la France va le savoir, on va voir mon nom au générique. Je pense à la ferme, aux vaches, au fermier et à la fermière, et surtout à leur fille ; peut-être qu'en voyant mon nom dans le poste, elle va avoir des regrets, se dire que j'étais quelqu'un de bien et qu'elle a fait une bêtise de me laisser tomber.

Au retour, sur la route, Trenet a remplacé Brel. Au lieu de « Ne me quitte pas », je chante « Y a d'la joie, bonjour bonjour les hirondelles, y a d'la joie, mon cœur chavire et chancelle, y a d'la joie… »

Sur le pare-brise de ma vieille 2 CV, bien en évidence, j'ai placé un petit panneau de carton. Je sens bien que ceux qui le voient ne me regardent plus comme avant. Il y en a certains qui rient, mais pas beaucoup, ce sont les jaloux. Sur le carton il y a, en gros, le sigle RTF, Radio-Télévision Française. Ça fait un mois que je travaille à la télévision, je veux que ça se sache.

Je suis devenu quelqu'un. J'appelle la speakerine par son prénom, Christiane, et je la tutoie. Mais je n'ai pas changé, je reste simple.

En dehors de ma fonction de *script boy*, c'est moi qui choisis la musique qu'on met sur la mire un quart d'heure avant la diffusion des émissions régionales. Je choisis évidemment les morceaux que j'aime, toujours de la musique classique.

J'imagine que mon ex-fiancée va reconnaître mes morceaux préférés et fondre. Qu'elle va deviner que c'est à elle que j'offre cette musique et peut-être décider de revenir. Hier, j'ai fait fort, j'ai mis *Le Songe d'une nuit d'été* de Mendelssohn dans lequel il y a la marche nuptiale.

Récemment, j'ai choisi des toccatas de Jean-Sébastien Bach à l'orgue. Je n'ai pas fait l'unanimité. J'ai eu droit à des réflexions : « On n'est pas à la messe », « Les téléspectateurs vont croire que le président de la République est mort… »

J'ai essayé de convaincre, de parler de Jean-Sébastien Bach, de dire que l'orgue n'était pas toujours une musique d'enterrement.

Le lendemain, pour rassurer les téléspectateurs, on a mis quinze minutes d'accordéon.

Demain, je réalise le journal télévisé régional pour cause de décès, le réalisateur est mort subitement.

Je vais être assis en régie à côté des techniciens, à la place du mort.

Je vais donner mes instructions. Je vais choisir la place des caméras, les tops de départ, je vais diriger les cameramen, et, surtout, c'est moi qui vais appuyer sur les boutons du grand pupitre de la régie pour choisir les images. Je voudrais bien que mon ex-fiancée soit là pour me voir.

Ma grosse inquiétude est de me tromper de bouton, de mettre à l'antenne une caméra qui n'est pas prête ou de « faire un noir » à l'antenne. Mon inquiétude est à la dimension de ma joie.

J'ai du mal à m'endormir, j'ai peur de fermer les yeux, de faire un noir.

Je suis arrivé en avance sur le plateau. J'ai envie d'innover, surtout ne pas faire comme tout le monde. J'ai une idée. Il faut que j'arrive à l'imposer. Il n'est pas question que je me dégonfle.

J'annonce, d'une voix que je veux assurée, ma décision : on va changer de place le vase de glaïeuls qui est à côté de la speakerine. On va le mettre à gauche, alors qu'il est toujours à droite.

Toute l'équipe est atterrée. Ne comprend pas, ou fait semblant de ne pas comprendre. Des groupes se forment et parlent à mi-voix comme des médecins au chevet d'un patient. Enfin, le chef d'émission, courageux, vient m'affronter directement. Il m'aborde avec un air faussement jovial : « C'était pour rigoler, tu vas quand même pas faire ça ? »

Je l'ai fait, et je l'ai fait moi-même. L'accessoiriste n'a pas osé toucher au vase.

Et j'ai fait pire.

J'ai déplacé le siège de la speakerine en arrière pour qu'elle soit un peu cachée par le vase, comme si elle était dans les fleurs. Le cameraman répétait que « c'est pas comme ça qu'on fait d'habitude ». La speakerine s'en est mêlée, elle avait peur qu'on ne la voie plus derrière les fleurs. J'ai tenu bon.

L'émission s'est déroulée normalement. Il n'y a pas eu de réaction chez les téléspectateurs. C'est à vous décourager d'être un novateur.

La gare de Lille n'a jamais été aussi gaie. Le soleil tombe en pluie des verrières, les rails brillent comme si on les avait astiqués, les courants d'air sont tièdes et les pigeons sont bleus. J'attends un être cher qui revient de loin.

Pour lui faire oublier le cul-terreux qui l'attendait en gare de Saint-Pol, je me suis habillé en réalisateur : un costume en toile beige et une chemise rose. J'ai fait attention de ne pas aller chez le coiffeur la veille, j'ai les cheveux longs et des Ray-Ban, je me suis parfumé, j'espère ne plus sentir le fumier.

Un moment, j'ai eu dans l'idée de venir avec un bouquet de roses, je n'ai pas osé, peur de me faire foutre de ma gueule. Je suis impatient, le train aussi, il arrive en avance. Elle est dans les premiers voyageurs qui descendent, toujours aussi jolie, élégante et souriante.

Je la serre très fort dans mes bras, sans rien dire, je ne trouve pas les mots. Mon bonheur est indicible.

Elle a un paquet qu'elle me donne. Un cadeau ? Il est soigneusement emballé dans du papier de soie, avec du bolduc que j'ai du mal à dénouer, je mets du temps à retirer le papier, enfin, ça y est, je le vois.

Le pull-over kaki.

Pour moi, la vie va commencer, comme chante Johnny.

Ça y est, elle a dit oui. Elle accepte de se marier avec moi. Je peux à nouveau l'appeler « ma promise ». Promise à quoi ? Elle ne le sait pas encore, elle verra. Ce sera la surprise.

Accepter de se marier avec moi, quel courage. Peut-on sérieusement croire qu'on va être heureux une vie entière avec moi ? Moi qui vis avec moi depuis de nombreuses années, je suis bien placé pour savoir que c'est difficile.

Regardez-moi bien, est-ce que j'ai une tête de mari ?

Un mari, il a des gros sourcils et il est coiffé en brosse. C'est un type profond sur lequel on peut compter, un type solide sur lequel on peut s'appuyer, quelqu'un de fiable, de responsable et il a une trousse à outils. Il est rassurant. Moi, c'est le contraire, il faut me rassurer. Avec lui, on a l'impression qu'il ne va rien vous arriver de mal, qu'il va tout arranger, les fuites et les idées noires. Moi, des idées noires, j'en ai pour deux.

En plus, le bon mari est fidèle. Une fois marié, il ne regarde plus les autres filles. Il leur dit bonjour parce qu'il est poli, leur demande comment ça va, mais jamais plus, et il part vite sans se retourner.

Jamais je ne pourrai être celui-là.

Et surtout, je serai incapable de mentir. Dire à ma femme « Tu es la plus belle… » quand elle ne le sera plus.

Un jour, à propos de mariage, un chauffeur de la télévision, qui s'appelait Édouard, avec qui j'avais l'habitude de bavarder, m'a demandé si j'avais vu un notaire pour faire un contrat de mariage. C'était la première fois que je me mariais, je ne savais pas ce que c'était qu'un contrat de mariage. J'ai voulu savoir pourquoi il me demandait ça, il a simplement répondu : « C'est mieux. – Pourquoi c'est mieux ? » Alors il a dit cette chose horrible : « Si jamais vous divorcez… »

J'ai cru que j'allais lui mettre mon poing dans la figure. Qu'est-ce qu'il avait dit là ? Comment il pouvait prononcer un mot pareil à propos de nous ? Il ne se rendait pas compte, notre couple était un couple idéal, inaltérable, inoxydable, il ne comprenait rien. Les couples qui divorcent ne s'aiment plus, ne se sont peut-être même jamais aimés, mais nous on s'aime trop.

Je l'ai insulté, je pense l'avoir traité de gros con. J'ai décidé de ne plus jamais lui adresser la parole.

La veille de mon mariage, j'ai sacrifié à la coutume imbécile, j'ai enterré ma vie de garçon, je me suis soûlé avec des camarades.

Le matin, j'ai beaucoup de mal à me réveiller.

Je n'arrive pas à atterrir. Je sens confusément que j'ai quelque chose d'important à faire, mais je ne sais plus quoi. Ma mère, en grande toilette, arrive dans ma chambre affolée, elle me secoue comme un prunier, ce que mon père avait déjà fait à ma naissance pour que je me décide à vivre. « Tu sais que tu te maries aujourd'hui. » Je l'avais complètement oublié.

Je mets le beau vêtement que j'ai loué, une redingote grise et un pantalon rayé. Je pars avec mon frère, je lui ai demandé de mettre son bel uniforme de polytechnicien. On a pris ma 2 CV, on est en retard, je roule comme un fou, on manque avoir un accident, je crois que le polytechnicien a la trouille.

L'église est une petite église de village charmante. Elle est située sur une butte entourée de vieux tilleuls. Pour y accéder, il faut monter un très vieil escalier de pierre. Tout le monde m'attend, mes camarades sont là, goguenards. Ma future femme a un bouquet de roses et une robe blanche, elle a l'air inquiet. Peut-être qu'elle s'est dit que je ne viendrais pas.

On a apporté dans l'église un électrophone et j'ai choisi mes morceaux de musique préférés. Ce sont les mêmes que ceux que j'avais choisis, il y a quinze ans, pour mon enterrement, quand, pour rigoler, j'avais écrit mes dernières volontés. J'ai simplement remplacé la Marche au supplice de Berlioz par la Marche nuptiale de Mendelssohn.

Un camarade qui a une belle voix grave doit lire les textes de l'office. Il n'a pas mis de marque-page dans son missel, il se trompe, il retombe chaque fois sur la messe des funérailles, « Jour de fureur, jour d'épouvante/ Fin du monde en cendres fumantes »...

Au moment de la bénédiction, il y a un malaise. Le curé n'a pas les alliances. C'est moi qui devrais les avoir. Moi, je ne me souviens plus de rien, je suis dans le coma. Je cherche dans mes poches, ça dure un bon moment, il y a beaucoup de poches à la redingote. Le curé est contrarié. Enfin, je les trouve, l'office peut reprendre.

Après, il y a le vin d'honneur. Le vin, c'est de l'hydromel, une saloperie fabriquée dans la région avec du miel fermenté, c'est très sucré et très alcoolisé. Après un verre, tout le monde est rouge et parle fort. Certains, un peu pompettes, partent cuver à l'ombre. Mon frère polytechnicien a ouvert le col de son bel uniforme, il a l'air d'un douanier en goguette. J'ai l'impression de faire de la figuration dans une noce villageoise d'un téléfilm de terroir.

Après, il y a un déjeuner à l'auberge du Grand Tilleul. Mes souvenirs se mélangent comme tous les vins que j'ai bus. Il fait chaud, il y a beaucoup de bruit et beaucoup de gens qui viennent m'embrasser et me féliciter. Je me demande bien pourquoi.

On a eu des cadeaux, beaucoup de pelles à tarte, mais pas la pelle à fumier.

C'est la fin du repas, c'est la fin du jour. Je suis fatigué. J'ai envie d'aller me coucher, comme le soleil. Les premières voitures commencent à partir, ma 2 CV ne veut pas. Elle ne démarre pas. Un ami connaisseur réussit à la mettre en route. Il me conseille, la prochaine fois, de tourner la clé de contact. Elle part en hoquetant et en fumant. Une dizaine de kilomètres plus loin, nouveau hoquet, elle tombe réellement en panne. C'était le hoquet de la mort. Heureusement, nous ne sommes pas loin du garage du village voisin. Le garagiste peut nous remorquer jusqu'à son atelier. Nous montons, ma femme et moi, dans la cabine graisseuse de son camion avec nos beaux atours. Dans l'autoradio, Luis Mariano, avec beaucoup de sentiment, chante à tue-tête : « Rossignol, rossignol de mes amours, quand ton chant s'élèvera, mon chagrin s'envolera et l'amour viendra peut-être… »

Nous arrivons au garage au milieu des outils, des bidons et des voitures qui ont la gueule ouverte. Dans nos costumes de mariés, elle avec sa robe blanche, moi avec ma redingote, nous avons l'air déguisé comme dans un film de Chaplin. La lumière du néon du plafond se reflète dans les flaques d'huile du sol. Mon beau costume est avachi, la fleur que je porte à la boutonnière a perdu des pétales. J'ai le visage ravagé, les yeux cernés. La mariée n'est pas brillante non plus. Les roses qu'elle a dans les cheveux baissent la tête, son rimmel a coulé, elle s'est assise sur une pile de pneus et semble s'assoupir.

Moi, toujours énervé, je fais les cent pas, je pose des questions techniques au garagiste pour montrer qu'en mécanique j'en connais un rayon. « Ce ne serait pas le delco ? » Il n'a pas répondu, il entend ça des milliers de fois. Là il n'a pas pu entendre, il est enfoui sous le capot.

Sur le pont, une vieille auto se vide de son huile, je suis du regard le mince filet noir qui s'écoule en silence.

La mariée ronfle.

Le garagiste sort du capot sa tête noircie, il prend un air grave pour dire : « Il y a du dégât. »

Les nœuds de tulle qui décoraient ma pauvre voiture sont raplapla.

Le voyage de noces commence mal pour les *just married.*

Le vent siffle, un vent à décorner les bœufs. Heureusement, il n'y a de pas de bœufs. Seulement quelques mouettes congelées qui font le pied de grue devant la mer.

Tout est gris. Le ciel, la mer, le sable, le temps. Comme si la couleur n'existait pas encore. La mer est froide, quinze degrés, comme si on n'avait pas encore inventé l'eau chaude.

Nous nous sommes installés sur le sable pour pique-niquer. Nous avons acheté une bouteille de gros-plan et une araignée de mer vivante, elle remue encore faiblement ses pattes. Nous avons un campingaz pour la faire cuire. Le vent éteint sans arrêt le gaz, bientôt je n'aurai plus d'allumettes, l'araignée ne va pas être cuite.

Malgré le froid, je décide de me baigner. Je demande à ma femme de m'accompagner. La jeune mariée n'a pas envie. Je veux la forcer, elle refuse. Je suis contrarié. Je ne supporte pas qu'on n'ait pas les mêmes envies que moi, surtout quand on est ma femme. Je suis agacé. Je suis en colère. Alors je deviens odieux. Je dis n'importe quoi : Une femme doit suivre son mari en toutes circonstances. J'ai honte d'avoir une femme comme elle, elle manque de courage, c'est une poule mouillée. Je me suis trompé en l'épousant, je regrette, il y a sur terre tellement d'autres filles courageuses, il y en a même qui traversent la Manche à la nage. Quelle connerie j'ai faite de me marier avec elle.

C'est notre première scène de ménage de couple marié, pas la dernière.

Je la laisse sur le sable, elle pleure. Je pars me noyer dans la mer en lui souhaitant d'être veuve.

L'endroit s'appelle la baie des Trépassés.

On ne réussira jamais à cuire l'araignée.

Araignée du matin, chagrin.

Il paraît que le mariage est le plus beau jour de la vie. Ma femme et moi étions unis pour le meilleur et pour le pire. Le meilleur, j'en garde un bon souvenir, mais le pire a été le pire. Nous sommes mal tombés, tous les deux. Nous avons fait une mauvaise chute. Je crois surtout que nous n'avons pas eu de chance.

Nous avons peut-être fait une erreur de casting.

Ma 2 CV avait dû le sentir, elle ne voulait pas qu'on parte ensemble.

Quand on connaît la suite, on peut se demander s'il n'aurait pas été préférable qu'on ne se rencontre jamais.

J'aurais échappé au ramassage des betteraves et au fumier des étables.

J'ai repensé à la génisse au regard doux. Avec elle, ç'aurait été la stabilité, mais en même temps le risque de me marginaliser. Et surtout, est-ce que j'aurais su la rendre heureuse ?

Pas sûr.

Je ne sais même pas me rendre heureux.

La ferme a trouvé un prétendant. Il n'est pas de la famille, c'est un jeune cultivateur, il s'appelle Bernard. Il vient de se marier. De sa femme, il a dit : « C'est une bonne fermière. »

La ferme est entre de bonnes mains.

Les vaches seront bien gardées.

Pour l'éditeur, le principe est d'utiliser des papiers composés de fibres naturelles, renouvelables, recyclables et fabriquées à partir de bois issus de forêts qui adoptent un système d'aménagement durable.

En outre, l'éditeur attend de ses fournisseurs de papier qu'ils s'inscrivent dans une démarche de certification environnementale reconnue.

Ce volume a été composé
par IGS-CP à L'Isle-d'Espagnac (Charente)

Cet ouvrage a été imprimé en France par
CPI Bussière
à Saint-Amand-Montrond (Cher)
pour le compte des Éditions Stock
31, rue de Fleurus, 75006 Paris
en mai 2010

N° d'édition : 01. – N° d'impression : 101298/4.
Dépôt légal : juin 2010.
54-51-6324/5